JOHN ORTBERG

A sedução do líder

Como vencer a missão enganosa

Vida

Vida
EDITORA VIDA
Rua Isidro Tinoco, 70 Tatuapé
CEP 03316-010 São Paulo, SP
Tel.: 0 xx 11 2618 7000
Fax: 0 xx 11 2618 7030
www.editoravida.com.br

Originally published in the USA under the title:
Overcoming Your Shadow Mission
Copyright © 2008 © **Willow Creek Association**
Translation copyright © 2010 **by John Ortberg**
Translated by Jurandy Bravo
Published by permission of Zondervan,
Grand Rapids, Michigan

Todos os direitos em língua portuguesa reservados por Editora Vida.

PROIBIDA A REPRODUÇÃO POR QUAISQUER MEIOS, SALVO EM BREVES CITAÇÕES, COM INDICAÇÃO DA FONTE.

Scripture quotations taken from
Bíblia Sagrada, Nova Versão Internacional, NVI®.
Copyright © 1993, 2000 by International Bible Society ®.
Used by permission IBS-STL U.S.
All rights reserved worldwide.
Edição publicada por Editora Vida,
salvo indicação em contrário.

Editor responsável: Sônia Freire Lula Almeida
Editor-assistente: Gisele Romão da Cruz Santiago
Revisão de tradução: Maria Stela Lopes Bonfim
Revisão de provas: Josemar de Souza Pinto
Diagramação: Karine dos Santos Barbosa
Capa: Arte Peniel (adaptação)

Todas as citações bíblicas e de terceiros foram adaptadas segundo o Acordo Ortográfico da Língua Portuguesa, assinado em 1990, em vigor desde janeiro de 2009.

1. edição: set. 2010
1ª reimp.: ago. 2011
2ª reimp.: jan. 2013

Dados Internacionais de Catalogação na Publicação (CIP)
(Câmara Brasileira do Livro, SP, Brasil)

Ortberg, John
 A sedução do líder : como vencer a missão enganosa / John Ortberg ; [tradução Jurandy Bravo]. — São Paulo : Editora Vida, 2010.

 Título original: Overcoming Your Shadow Mission.
 ISBN 978-85-383-0176-9

 1. Bíblia. A.T. Ester — Crítica e interpretação 2. Liderança cristã 3. Vocação — Cristianismo — Ensino bíblico I. Título.

10-07129   CDD 222.906

Índice para catálogo sistemático:

1. Ester : Livros históricos : Bíblia : Interpretação e crítica   222.906

Série Liderança

A Série Liderança tem como objetivo colaborar com líderes das mais diversas áreas de atuação — igreja, negócios, escolas ou organizações sem fins lucrativos — por meio de um raciocínio aguçado e de conselhos práticos necessários para que incrementem sua capacidade de liderança.

Os livros dessa Série espelham a sabedoria e a experiência de líderes comprovados, os quais nos presenteiam com grandes revelações em formato de bolso. Quer você os leia sozinho quer em grupo, a Série Liderança oferece uma perspectiva crítica dos desafios do líder de hoje.

Este pequeno livro é dedicado com muita gratidão a

Jimmy "Barreira de Proteína" Mellado
Dick "Rockford Oriental" Anderson
Doug "Sr. Mãozinha" Veenstra
Freddy "Três Guardanapos" Vojtsek
Nancy "Chega de Choro" Beach

Todo mundo — todo ser humano sobre a face da terra — tem uma missão. Todos fomos colocados aqui com um propósito. Organizações como empresas, igrejas e escolas, também. Líderes adoram pensar em missão, disseminar a visão dessa missão, criar estratégias relacionadas com ela, concretizá-la, celebrá-la.

Todo mundo tem também uma *missão enganosa*. Nossa vida, bem como a vida dos grupos de que fazemos parte, pode resvalar para a busca de algo obscuro e sem valor. Ceder a esse tipo de missão é — ou deveria ser — nosso maior receio. Dominar nossa missão enganosa é o de que trata este livro. Mas estou me adiantando na história.

Há alguns anos, um amigo me convenceu a participar de um desses finais de semana só para homens "descubra o selvagem interior guerreiro peludo dentro de você".

Tudo aconteceu em um acampamento paramilitar afastado e tosco. Eu até poderia revelar a localização exata, mas depois seria obrigado a matar você.

Chegamos, e tudo estava escuro. Homens munidos de lanternas e que tinham visto *Apocalypse Now* vezes demais nos conduziram, sem dizer palavra, à sala de recepção. Nossas mochilas foram vasculhadas, e todos os itens proibidos (petiscos, material de leitura, sinalizadores), confiscados. Cada um de nós recebeu um número que deveria ser utilizado no lugar do nosso nome para nos identificar durante a maior parte do fim de semana.

Entoamos palavras de ordem. Marchamos nus no meio da neve. Durante dois dias, comemos casca de árvore e frutas. Fomos privados do sono. Uivamos para a lua. Acocoramo-nos no interior de uma tenda indígena/sauna de guerreiro chippewa para purificar a alma por intermédio da irmandade visceral do suor —

30 homens derretendo dentro de um espaço em que não mais de seis guerreiros chippewas teriam tentado se acotovelar.

Por estranho que pareça, no entanto, no meio de muita psicologia barata e melodrama, surgiram momentos de descobertas inesquecíveis. Um dos tópicos tratados no retiro dizia respeito a como fomos criados para cumprir uma missão. Um território familiar para mim. Um orador disse algo que não mais esqueci. Ele declarou que, se não abraçamos nossa missão verdadeira, adotamos por *valor padrão* o que ele chamou de "missão enganosa" — padrões de pensamento e ação baseados em tentações e em nosso egoísmo que nos levam a trair nossos valores mais profundos. Resultado: arrependimento e culpa.

Esse orador nos disse em que consistia a missão enganosa dele: "A minha é ver TV e me masturbar enquanto o mundo vai para o inferno".

A linguagem que ele usou foi mais grosseira do que essa, e um riso nervoso percorreu o círculo de homens.

"Vou repetir", anunciou o orador, "só que, desta vez, quero que ouçam e não riam". E ele tornou a dizer: "Minha missão enganosa é ver TV e me masturbar enquanto o mundo vai para o inferno".

Fez-se silêncio.

Cada um de nós pensava a mesma coisa: a facilidade com que a vida de qualquer um de nós pode escorregar para uma busca assim autocentrada e banal. Aquele orador não se sentia tentado a ser um Adolf Hitler ou um Saddam Hussein. Ele lutaria contra esse tipo de maldade escancarada. Era a trivialidade da sua missão enganosa que a tornava tão possível.

Eu nunca ouvira a expressão antes. Nunca identificara qual poderia ser minha missão enganosa. Mas entendi. No fundo, eu a conhecia.

> Sem uma missão autêntica, somos tentados a perambular no piloto automático, a deixar a vida girar em torno de algo sem valor, algo egoísta, obscuro — uma missão enganosa.

Você e eu fomos criados para ter uma missão na vida. Fomos feitos para fazer diferença. Mas, se não cumprirmos a missão para a qual Deus nos designou e com que nos presenteou, encontraremos uma substituta dela. Não podemos viver na ausência de propósito. Sem uma missão autêntica, somos tentados a perambular no piloto automático, a deixar a vida girar em torno de algo sem valor, algo egoísta, obscuro — uma missão enganosa.

Mais adiante, aprenderemos como identificar e combater tanto a nossa própria missão enganosa quanto a das organizações ou equipes que lideramos. Por ora, quero destacar como esse assunto é sério. Quando a nossa vida se deteriora na procura de uma missão enganosa, o mundo perde. Missões enganosas são aquelas que buscamos insensatamente "enquanto o mundo vai para o inferno".

Você talvez considere ridícula a ideia de que sua missão enganosa tenha alguma relação com o mundo em sentido amplo. Nossos olhos permanecem velados para as consequências máximas das nossas escolhas. Mas a Bíblia conta muitas histórias em que Deus revela qual pode ser o fim amargo de uma missão enganosa: a morte, e qual a feliz recompensa de se lutar contra esse tipo de missão: a vida. Tratemos, então, de um desses clássicos relatos bíblicos.

MISSÕES ENGANOSAS DE PROPORÇÕES ÉPICAS

O livro de Ester, dentre outras características, é um relato épico sobre missões e missões enganosas e sobre como elas se entrelaçam à grande missão divina. Cada personagem da história tem a possibilidade de escolher entre uma missão e uma missão enganosa. E, à medida que o faz, estabelecem-se destinos, e o mundo se transforma. Vamos nos concentrar especificamente em quatro personagens: rei Xerxes, Ester, Hamã e Mardoqueu.

Rei Xerxes

Nossa primeira personagem é o rei Xerxes. Seu reino se estendia por 127 províncias, descendo da Ásia Menor à África e atravessando as porções setentrionais da Índia. Embora tivesse imenso poder, Xerxes não foi uma personagem que inspirasse admiração. Com perícia, sarcasmo e exagero, o autor do livro de Ester delineia o retrato de um rei exibido que só quer saber de ostentar sua grandeza, mas que, na verdade, não tem força interior de caráter e precisa o tempo todo das pessoas para ajudá-lo a tomar decisões.

A história começa com o rei oferecendo um banquete de cento e oitenta dias — seis meses de pura festa (só o capítulo 1 descreve três banquetes; um bom modo de dividir o livro é fazê-lo por série de banquetes). O próprio autor do livro registra: "Durante cento e oitenta dias ele mostrou a enorme riqueza de seu reino e o esplendor e a glória de sua majestade" (Ester 1.4).

Depois dessa festa, o rei Xerxes oferece outra festa para a capital inteira, aberta ao povo comum. O texto diz: "Pela generosidade do rei, o vinho real era servido em grande quantidade, em diferentes taças de ouro. Por ordem real, cada convidado tinha permissão de beber quanto desejasse, pois o rei tinha dado instruções a todos os mordomos do palácio que os servissem à vontade" (Ester 1.7,8). Sem restrições, sem reservas, sem limites, todos bebendo em taças de ouro exclusivas.

No sétimo dia, "[...] quando o rei Xerxes já estava alegre por causa do vinho [...]" (1.10), ele mandou chamar a rainha, Vasti. Até então, exibira suas posses; agora queria ostentar seu bem supremo — a esposa.

Que qualidade, em Vasti, você pensa que o rei queria mostrar aos convidados? A inteligência? "Vasti, minha querida, por que você não vem entreter nossos hóspedes resolvendo algumas equações matemáticas?". O senso de humor? "Vasti, conte-nos algumas piadas!". Não, ele queria que ela aparecesse para "[...] mostrar aos seus súditos e aos nobres a beleza dela, pois era de fato muito bonita" (1.11).

Então, algo extraordinário acontece. Vasti diz não: *Exibir-me na frente dessa multidão que não faz outra coisa senão beber cerveja há sete dias? Eu não faço isso.* Ela manda agradecer, mas prefere ficar em casa lavando a cabeça.

Você talvez imagine que com isso o rei percebeu a situação constrangedora em que a colocara. Bem, engano seu. "[...] o rei ficou furioso e indignado" (1.12). Vasti ameaçara a missão enganosa dele — impressionar uma nação.

Fez que ele parecesse fraco, e isso sempre provoca uma profunda reação emocional.

Assim, Xerxes recorre a especialistas em matéria de leis e justiça — a versão da Suprema Corte na época. Incapaz de controlar a rainha, transforma a situação em uma questão de Estado: "O que faço com minha mulher?", pergunta a seus especialistas. "Preciso tomar alguma atitude. Se a notícia sobre o que aconteceu se espalhar, todas as esposas se rebelarão contra o marido". Xerxes não está preocupado com a justiça; apenas deseja parecer que está no comando, dar a impressão de que é administrador.

A Suprema Corte de Xerxes o aconselha a promulgar uma lei decretando que Vasti não mais tivesse permissão para comparecer diante do rei (o que provavelmente não a magoou, já que esse fora seu crime inicial) e a arranjar uma nova rainha. Como diz o versículo 20, "Assim, quando o decreto real for proclamado em todo o seu imenso domínio, todas as mulheres respeitarão seus maridos, do mais rico ao mais pobre". Até parece!

Ora, em parte, o escritor do livro nos quer mostrar que os conselheiros do rei eram grandes aduladores. Eles reforçavam o orgulho dele por "todo o seu imenso domínio". Todos sabiam que a missão enganosa do rei era seu ego, a aparência e o prazer. "Façam que meu reino gire em torno de mim", poderia ser o *slogan* de Xerxes. Mas os conselheiros não a identificam, não a desafiariam, pois o rei havia se cercado de pessoas que reforçariam a sua missão enganosa.

Desse modo, Xerxes se apropria da ideia de seus conselheiros. Recorre a seus "secretários particulares" em busca de conselho para determinar como agir. Não se trata mais da Suprema Corte; agora são seus guarda-costas, jovens com elevado nível de testosterona que lhe transmitem suas ideias sobre o que procurar na nova rainha. Quer saber a ideia número um deles? Sugeriram ao rei que promovesse um concurso de beleza *"Miss Média e Pérsia"* para o qual cada província — 127 ao todo — contribuísse com uma finalista para o harém real. Cada competidora seria submetida a tratamentos de beleza rigorosos, comparáveis aos programas de transformação total que passam hoje na TV. No final, a jovem que mais agradasse ao rei se tornaria sua segunda esposa e seria por ele exibida como um troféu.

É difícil para nós, eu sei, acreditar que um dia tenha existido uma cultura tão superficial a ponto de levar homens de meia-idade a impressionarem outras pessoas por meio de tanta riqueza e poder capazes de atrair uma esposa jovem e bela. É duro para nós imaginar que a raça humana um dia tenha se rebaixado tanto, mas houve um tempo em que foi assim.

Ester

Uma das concorrentes é uma jovem moça judia chamada Ester, adotada e criada por um primo, Mardoqueu. Somos informados de que ela "[...] era atraente e muito bonita [...]" (2.7). Ester supera todas as etapas preliminares e acaba se tornando uma das finalistas selecionadas para se apresentar diante do rei.

Tente se lembrar da última vez em que você se preparou para um grande encontro. Refiro-me à ocasião em que você quis impressionar, de verdade, uma pessoa. Quanto tempo você gastou — com o cabelo, com o rosto, com o guarda-roupa, com o perfume? Você já passou quinze minutos se preparando?

Uma hora? Já aconteceu de passar mais tempo se preparando do que no encontro propriamente dito? Você já se divertiu mais se aprontando para o encontro do que nele mesmo?

Agora atente para o tempo de preparação de Ester. Não foram quinze minutos, nem algumas horas, nem mesmo um dia — mas um ano inteiro! Antes de chegar sua vez de comparecer perante o rei Xerxes, a jovem tinha de completar doze meses de tratamentos de beleza: seis meses com óleo de mirra e seis meses com perfumes e cosméticos (ainda bem que a lipoaspiração e o silicone ainda não tinham sido inventados). É muita pressão para um primeiro encontro. Se alguém não se sentir atraído por você depois de doze meses de preparação, o mais provável é que isso nunca vá acontecer.

Ester, uma elegante modelo recatada e comedida vence a competição e é nomeada nova rainha. O rei oferece outra festa. Parece que a missão de Ester é se tornar a beldade de plantão ao lado do homem mais poderoso do mundo.

E Ester vive feliz para sempre, certo? Nem tanto.

Hamã

Há mais uma personagem nessa história. Ela se chama Hamã e exerce a função de chefe da equipe de Xerxes. Hamã um líder muito mais forte do que o rei, mas também tem uma missão enganosa. Está furioso porque um homem se recusa a se curvar e lhe prestar adoração, e esse homem é Mardoqueu — primo e guardião de Ester.

Hamã se sente tão ofendido com o atrevimento de Mardoqueu — de se negar a prestar-lhe reverência — que procura o rei Xerxes e lhe oferece um enorme suborno. A quantia é imensa, equivalente ao dinheiro que todos os outros países controlados pela Pérsia, na época, enviariam para os cofres reais. Tudo que Hamã deseja é ter permissão para destruir Mardoqueu e seu povo. A reação do rei, basicamente, é: "Está bem; por mim, tanto faz". Ele chega a falar para Hamã que fique com o dinheiro. Na verdade, Xerxes não sabe contra que grupo Hamã se revoltara, porque, depois que os líderes são seduzidos por uma missão enganosa, é pouco provável que se oponham a esse tipo de missão de quem quer que seja, desde que ela sirva a seus propósitos (ou pelo menos não os perturbe).

Mardoqueu

Quando a notícia da traição chega aos seus ouvidos, Mardoqueu conclui que só há uma pessoa em todo o império com condições de intervir junto ao rei para tentar salvar Israel: a vencedora do concurso de beleza. O plano de Deus de salvar seu povo é depositado nas mãos frágeis de uma rainha da beleza, chamada Ester. E o Senhor revela a missão que tem para ela pelas palavras de um amigo espiritual, sábio e digno de confiança: "Você tem de procurar o rei", Mardoqueu lhe diz.

Ester não quer fazer isso e envia esse recado a seu primo. Procurar o rei sem ter sido chamada era considerado uma ofensa capital. E, mesmo que ele concordasse em recebê-la, com certeza não ficaria nada satisfeito em ouvi-la dizer que não gostava de como ele trabalhava. Na verdade, o rei não consentia em ser desafiado pelas pessoas em público. Ester sabia o que acontecera a Vasti.

E há mais um pequeno problema. Ester confessa: "O rei não me manda chamar há trinta dias". Ela sabe que Xerxes conta com um harém cheio, a sua disposição, e que não é um marido dedicado. Tem plena consciência de que não o entusiasma tanto como nos primeiros dias.

Nesse ponto, muita gente recuaria. Mas não Mardoqueu. Ele provoca a rainha: "[...] Não pense que pelo fato de estar no palácio do rei, você será a única entre os judeus que escapará, pois, se você ficar calada nesta hora, socorro e livramento surgirão de outra parte para os judeus, mas você e a família do seu pai morrerão". E conclui desafiando-a com estas palavras magníficas: "Quem sabe se não foi para um momento como este que você chegou à posição de rainha?" (4.13,14).

Com essas poucas palavras, Mardoqueu identifica a real missão da rainha da beleza: *Ester, o destino de uma nação inteira, o destino do sonho de Deus de redimir o mundo em termos humanos, tanto quanto conseguimos enxergar neste exato momento, está em suas mãos. Você não chegou onde está para acumular um guarda-roupa*

Personagens bíblicas que souberam enfrentar sua missão enganosa

José permaneceu firme contra as tentações de vingança e rivalidade entre irmãos, optando, em vez disso, por perdoar os irmãos e confiar em que Deus repararia o mal por ele sofrido.

Rute se recusou a abandonar a sogra, embora pudesse buscar segurança e liberdade voltando para casa. Ela preferiu adotar a lealdade e o sacrifício à segurança, tornando-se parte da aventura da redenção.

Daniel recusou-se, repetidas vezes, a permitir que a sedução do poder o tentasse a ponto de comprometer suas convicções. Do alimento que comia até o modo em que orava, optou por honrar a Deus, mesmo quando essa escolha pôs em risco suas ambições.

Maria, a mãe de Jesus. Sua resposta maravilhosa, "[...] que aconteça comigo conforme a tua palavra" (Lucas 1.38), significou renunciar todos os sonhos de uma vida familiar normal e a reputação de respeitável (já que viria a engravidar não sendo casada).

João Batista rejeitou a tentação da inveja expressa por seus discípulos ("[...] [Jesus] está batizando, e todos estão se dirigindo a ele") afirmando que seu destino e sua alegria eram diminuir para que Jesus crescesse (João 3.26,30).

extraordinário, joias preciosas e perfumes exóticos; você não chegou onde está para se tornar a mulher mais desejável, atraente e aplaudida do reino. Você não chegou onde está pelas qualidades que o rei imagina que tenha. Você chegou onde está para fazer justiça e poupar seu povo de grande sofrimento. Você chegou onde está para se opor a um homem vil, miserável e extremamente poderoso. Você tem uma missão, Ester, e sua missão é importante. Você não chegou onde está por si mesma, mas para tomar parte no plano de Deus de redenção do mundo. Assim, por melhor que você cumpra a missão enganosa reservada às mulheres pela sociedade, não deixe que ela a torne cega para aquilo que Deus afirma ser sua missão de verdade. Acorde para isso, Ester.

> Você chegou onde está não por si mesma, mas para tomar parte no plano de Deus de redenção do mundo.

Personagens bíblicas que cederam à missão enganosa

Adão e Eva cederam à missão enganosa original e mais popular de todas até hoje: "Vocês serão iguais a Deus".

Salomão, que se supõe ter sido o sujeito mais inteligente do mundo, acaba criando um harém de mil mulheres.

Judas se recusou a permitir que Jesus tivesse acesso a um canto secreto, amargo, egoísta do seu coração.

Herodes podia ter sido o grande defensor e patrocinador do Messias. Em sua ambição pelo poder, no entanto, preferiu se tornar seu rival.

Simão, o mago, tinha como missão enganosa estabelecer um ministério impressionante. Olhando bem de perto, você encontra missões enganosas como a dele em operação ainda hoje (Atos 8).

DESMASCARANDO A MISSÃO ENGANOSA

Enfrentar uma verdade difícil sem ficar na defensiva nem se sentir desencorajado é um dos grandes desafios do líder, e Ester consegue fazê-lo muito bem. Ela avisa a Mardoqueu que precisa de três dias para se recolher com suas amigas mais íntimas a fim de jejuar e orar. Ser rainha — condição que ela considerava seu maior dom — tornou-se seu maior fardo. Um chamado para o sacrifício, talvez para a morte. Ela necessitará de força superior para encarar o desafio.

Ester pede a Mardoqueu que reúna todo o povo de Deus em Susã durante três dias para jejum e oração. Recusa-se a realizar essa missão baseada em sua beleza, em sua habilidade e em sua influência, conquanto todas elas sejam grandes. Com palavras de coragem, tão nobres quanto as de Mardoqueu em seu desafio, Ester declara: "[...] Depois disso irei ao rei, ainda que seja contra a lei. Se eu tiver que morrer, morrerei" (4.16). Que personalidade!

Interessante que muitos autores — até mesmo cristãos —, às vezes, dão a entender que as mulheres dos tempos bíblicos ficavam relegadas a segundo plano, cabendo aos homens a ação de verdade. É irônico, pois, constatar que uma das grandes heroínas da Bíblia é uma mulher que rejeita o estereótipo de rainha da beleza, que subverte o poder de um marido tolo e que lança mão de toda coragem, iniciativa e inteligência emocional para resistir ao mal e contribuir com o bem. Assim, se você é mulher e Deus a tem dotado de capacidade para liderar, pelo amor de Deus, pelo amor à igreja, pelo amor a este mundo miserável e tenebroso, *lidere*!

> Se você é mulher e Deus a tem dotado de capacidade para liderar, pelo amor de Deus, pelo amor à igreja, pelo amor a este mundo miserável e tenebroso, *lidere*!

Há características profundas em Ester das quais nem ela suspeitava — talvez haja em você também. Há alguns anos, uma história (provavelmente apócrifa) dizia que um empregado de uma fábrica de bonecas aprontara grande confusão, de modo que os dispositivos de voz que deviam ser instalados nas Barbies acabaram indo parar nos G.I. Joe e vice-versa. Centenas de meninos ficaram chocados ao ouvir seu G.I. Joe suspirar: "Espero que alguém me convide para o baile da escola!". E um número igual de meninas ouviu Barbie vociferar: "No chão, agora! Sem moleza, vai!". Xerxes achava que se havia casado com a Barbie quando, na verdade, era o G.I. Joe que tinha a seu lado.

Senso de oportunidade impecável

No terceiro dia, Ester veste seus mantos reais e se posta no pátio interno, à espera do rei. Coração batendo forte, o suspense deixa-lhe os nervos à flor da pele. Imagine o que lhe passa pela cabeça enquanto aguarda. "Vida ou morte?"

Xerxes avista a rainha e estende seu cetro, indício de favor real. Ela viverá mais um dia.

O rei lhe diz: "[...] Que há, rainha Ester? Qual é o seu pedido? Mesmo que seja a metade do reino, lhe será dado" (5.3).

Ester sabe que todo rei fala esse tipo de coisa quando está de bom humor, mas não deve ser interpretado ao pé da letra. Se de fato lhe pedisse metade do reino, tudo mudaria, de forma radical. Era mais ou menos como se o rei oferecesse: "Quer ficar com o controle remoto esta noite?".

Ela não poderia deixar escapar: "Gostaria que você revogasse uma lei inalterável dos medos e dos persas, poupasse meu povo e destituísse seu chefe de equipe". Por isso, apenas convida-o: "Estou dando uma festa. Você e Hamã são meus convidados".

O rei jamais dispensara uma boa festa em sua vida. Por isso, comparece a essa festa e se diverte bastante com todos. Xerxes, então, pergunta pela segunda vez: "Ester, o que você quer? Até metade do reino é seu". Ao que ela responde: "Se o rei tem consideração por mim, e se lhe agrada atender e conceder o meu pedido" — sua habilidade verbal é impressionante —, "que o rei e Hamã venham amanhã ao banquete que lhes prepararei. Então responderei à pergunta do rei" (5.8). A capacidade de negociar demonstrada por Ester aqui é fenomenal. O rei, ao concordar em comparecer, praticamente já aceitara o pedido dela. A ousadia, a inteligência e o senso de oportunidade da rainha são de tirar o fôlego.

Ainda tem mais...

Estamos prontos para o clímax da história, mas o autor nos deixa em suspense por alguns instantes. Ele volta para Hamã. O chefe da equipe real parece muito animado com tudo que está acontecendo. Sente-se todo orgulhoso. Reúne a esposa e os amigos e se vangloria de "[...] sua grande riqueza, de seus muitos filhos e de como o rei o havia honrado [...]" (5.11). Mas em seguida reclama: "Mas tudo isso *não me dará satisfação*, enquanto eu vir aquele judeu Mardoqueu sentado junto à porta do palácio real" (5.13, grifos nossos).

Hamã tem uma missão enganosa; faço questão de frisar isso porque muita, muita gente mesmo também a enfrenta, em nossa cultura.

Talvez seja a maior missão enganosa da nossa sociedade, e ela se chama "mais". Mais riqueza, mais poder, mais aplauso, mais *status*, mais glória — *mais*. Hamã deveria viver pensando: "Se eu conseguir mais, um dia terei o bastante". Mas isso nunca acontece. Os Rolling Stones podem ter gravado a canção, mas Hamã a cantou bem antes deles: "I can't get no satisfaction" [Eu não consigo me satisfazer].

A esposa de Hamã o aconselha a construir uma forca com mais de 20 metros de altura, para nela enforcar Mardoqueu. Deliciado com a sugestão, Hamã manda construir a forca.

Naquela mesma noite, o rei Xerxes não consegue dormir. Pede, então, a seus servos que leiam para ele (sendo rei, entende que não precisa ler ele mesmo até pegar no sono) os anais do reino. "Leiam aquele livro sobre *mim*", ordena.

Os servos leem para Xerxes o relato de como um homem chamado Mardoqueu certa vez lhe salvou a vida. Quando o rei indaga que tipo de reconhecimento Mardoqueu recebera pela boa ação, os servos respondem que esse feito jamais fora reconhecido com algum tipo de honraria. Nesse momento, Hamã chega para pedir ao rei que mande enforcar Mardoqueu, sem saber nada sobre a história que acabava de ser lida para Xerxes. O rei, então, antecipa-se e lhe propõe uma pergunta: "O que deveria ser feito ao homem a quem o rei se deleita em honrar?".

Certo de ser ele mesmo tal homem, Hamã diz ao rei que ele deveria ser vestido com o manto real, conduzido sobre um cavalo real, por um oficial real. Além disso, até o cavalo deveria usar uma coroa. "[...] Isto é o que se faz", diz Hamã (piscando para seu interlocutor) "ao homem que o rei tem o prazer de honrar!" (6.9).

Imagine a cena. "Muito bem, então", diz o rei. "O homem é Mardoqueu. Hamã, leve-o pela cidade, puxando você mesmo o cavalo dele. Diga a todo mundo que ele é o homem em que me deleito em honrar".

Daqui em diante, dá-se todo o declínio de Hamã. Ester oferece mais um banquete e cativa o rei com coragem e habilidade. Comunica-lhe que ela e seu povo estão para ser destruídos.

"Onde está ele — o homem que ousa fazer tal coisa?", pergunta o rei.

"Nosso adversário e inimigo! Esse vil Hamã!", replica a rainha.

Hamã acaba sendo pendurado na mesma forca que mandara construir para Mardoqueu.

O rei necessita de um novo chefe de equipe, e Ester providencia isso também indicando Mardoqueu para administrar os bens deixados por Hamã, os quais o rei oferece à rainha. Ester, então, retorna ao rei e o lembra de que a sentença de morte para seu povo continuava vigente. Xerxes lhe entrega seu anel e diz: "Escrevam agora outro decreto em nome do rei, em favor dos judeus, como melhor lhes parecer, e selem-no com o anel-selo do rei, pois nenhum documento escrito em nome do rei e selado com o seu anel pode ser revogado" (8.8).

O novo decreto dá aos judeus o direito de se defenderem dos terroristas de Hamã. E o povo de Israel se torna tão temido, pelo que ficamos sabendo, que "[...] Muitos que pertenciam a outros povos do reino tornaram-se judeus [...]" (8.17).

> Nobres missões produzem pensamentos nobres, mas missões enganosas produzem uma vida interior de trevas ocultas e insatisfação destrutiva. Elas sempre arruínam pelo menos uma pessoa — aquela que as vivencia.
>
> John Ortberg

Não é por acaso

Essa história nos conta que nossa missão enganosa tem enorme potencial destrutivo. A missão a que nos dedicarmos nos moldará. Pensamentos e desejos espontâneos e involuntários brotarão dela. Missões nobres produzem pensamentos nobres, mas missões enganosas produzem uma vida interior de trevas ocultas e insatisfação destrutiva. Elas sempre arruínam, pelo menos, uma pessoa — aquela que as vivencia.

A história de Hamã nos mostra outro aspecto crítico das missões enganosas. Elas quase sempre são pequenas variações da nossa missão autêntica. Isso faz parte do poder de sedução que exercem. Raras vezes, a missão enganosa de alguém se afasta 180 graus da direção certa. Normalmente, ela envolve dons e paixões que trazemos instalados em nós. Apenas somos tentados a fazer mau uso deles e, ainda assim, muito de leve. Nossa missão enganosa nos distancia apenas cinco ou dez graus do nosso caminho verdadeiro, rumo ao egoísmo, conforto ou arrogância. Esses poucos graus, no entanto, tornam-se a diferença entre luz e sombra, no decorrer do tempo.

A história de Ester sugere ainda que talvez você esteja onde está hoje não por acaso. Quem sabe você não chegou a sua posição atual para um tempo como este?

Ester não planejou ser rainha, mas, uma vez no trono, foi obrigada a decidir entre uma missão enganosa de segurança, riqueza e poder e a missão dada por Deus de salvar seu povo.

Hamã poderia ter se valido de sua posição para promover a justiça. Em vez disso, sucumbiu à missão enganosa de autoidolatria e crueldade.

O rei poderia ter adotado a missão da generosidade, mas, em vez disso, acomodou-se com a missão enganosa do prazer superficial.

Qual a sua posição? Não pense só em seu emprego ou em sua posição de líder. Você também influencia por intermédio da família, do bairro, dos compromissos voluntários e das amizades. Uma coisa é certa: *este* é o seu tempo. Agora. Hoje. Neste momento. Não em alguma outra situação. Não amanhã ou ontem. Costumamos ser tentados a pensar que estamos marcando passo; esperamos outro momento qualquer, alguma posição mais importante. Não é você que escolhe seu tempo; seu tempo escolhe você. Há uma razão para você estar onde está e ser quem é.

> Uma coisa é certa: este é o seu tempo. Agora. Hoje. Não em alguma outra situação. Não amanhã ou ontem.

A MISSÃO ENGANOSA DE JESUS

Jesus teve de enfrentar uma missão enganosa? Acredito que sim. O autor de Hebreus nos diz que ele, como nós, "[...] passou por todo tipo de tentação [...]" (Hebreus 4.15). No caso de Jesus, essa missão seria ser líder sem sofrimento, o Messias sem a cruz.

O grande estudioso do Novo Testamento F. F. Bruce escreveu: "Vezes sem conta, lhe sobreveio, de várias direções, a tentação de escolher um modo menos custoso de cumprir seu chamado do que o caminho do sofrimento e da morte, mas ele resistiu até o fim e fixou os olhos firmemente na consumação do propósito para o qual viera ao mundo".[1]

Você se lembra de que, no deserto, Satanás tentou Jesus a realizar sua missão sem passar fome: "Transforma estas pedras em pão. Você não precisa sentir fome"; sem sentir dor: "Lança-te do alto do templo e os anjos o sustentarão"; sem oposição: "Curve-se diante de mim e todos os reinos da terra serão seus". *Você não*

---

[1] Bruce, F. F. *The Epistle to the Hebrews*, **The New International Commentary on the New Testament**, ed. Gordon Fee. Grand Rapids, Mich.: Eerdmans, 1990. p. 53.

precisa passar fome, não precisa ser ferido, não precisa sofrer oposição.

Mais tarde, quando Jesus avisa seus discípulos de que ele terá de sofrer e morrer, Pedro tenta convencê-lo de que todo o seu sofrimento é desnecessário. A missão enganosa aqui é a mesma, e, por isso, Jesus repreende Pedro com tanta veemência: "Para trás de mim, Satanás!".

A missão enganosa de Jesus o perseguiu todo o caminho até o jardim do Getsêmani. De novo, ele luta contra a tentação, a ponto de gotas de sangue lhe escorrerem como suor. "Ó Pai, passa de mim este cálice. Tudo, menos isto."

Depois ainda, quando Jesus está pendurado na cruz e o povo passa na sua frente zombando dele, o que acontece? É a mesma tentação. "Olhem para ele; salvou outros, mas não consegue se salvar. Por que não desce daí, se é o Messias? Não existe Messias que vem acompanhado de uma cruz." Jesus, no entanto, enfrenta o engano. A um preço que jamais entenderemos, nem por toda a eternidade, ele diz: "Não; eu sofrerei. Tomarei para mim todo o engano da raça humana obscura e decaída. Irei para a cruz. Beberei do cálice até o último gole". Ele faz isso por nós. "Não seja feita a minha vontade, mas a tua."

Sem o sacrifício de Jesus, sem a morada interior do seu Espírito, nenhum de nós teria o autoconhecimento, a coragem ou a força para lutar contra a própria missão enganosa. Estaríamos tão absortos em nós mesmos quanto Xerxes, tão insatisfeitos e sedentos de poder quanto Hamã. Seríamos mera sombra do "eu" que Deus planejou para cada um de nós.

TALENTO E CARÁTER

A batalha entre missão e missão enganosa aponta para uma distinção fundamental entre dois aspectos da nossa constituição. Há uma diferença crucial entre *talento* e *caráter*.

Por *talento*, refiro-me a dons e pontos fortes. Um QI alto, habilidades atléticas, sagacidade nos negócios, a capacidade de liderança, carisma, boa aparência, popularidade, aptidão artística. Esses dons são coisas muito boas. Todas provêm de Deus. A Bíblia diz que ele é o doador de "Toda boa dádiva e todo dom perfeito [...]" (Tiago 1.17) e que deveríamos ser gratos quando tais dons aparecem em nosso caminho.

Seus dons, porém, não são o que há de mais importante a seu respeito. Você tem algo mais: *caráter*. Por caráter, entendo sua constituição moral e espiritual, suas tendências habituais, o modo de você pensar, sentir, planejar e escolher. A composição daquilo a que chamamos caráter é o que torna as pessoas dignas de confiança ou de desconfiança, humildes ou arrogantes. A palavra soa antiquada — quase vitoriana —, mas não é. Ela define quem somos na essência absoluta da nossa individualidade.

O caráter determina nossa capacidade de estar com Deus, de experimentar Deus e de conhecer Deus. Determina nossa habilidade para amar os outros e com eles nos relacionarmos. Tudo isso faz parte do nosso caráter. Quando somos chamados para imitar Jesus — para sermos "imitadores de Cristo" —, não estamos sendo convocados para compartilhar dos seus dons ou de seu papel. Antes, para nos esforçarmos para ter o seu caráter.

Talento é bom, mas não é o bem maior. Deixar clara essa distinção é importante porque vivemos em uma cultura que idolatra os talentos. Na nossa cultura, esse é o caminho para se conseguirem todas as "coisas" que ela nos "manda" desejar. O talento é o caminho para as coisas boas. É o que faz as pessoas olharem para você e exclamarem "Uau!". O que leva as pessoas para as capas das revistas. Por isso, somos tentados a investir mais energia em querer e aprimorar nosso talento do que a prestar atenção no que está acontecendo em

> Não se pode invejar o bom caráter. O caráter que se assemelha ao de Cristo tem algo de tão positivo que deseja-lo não nos pode fazer mal algum.

nosso caráter, pedindo a Deus que o corrija e diminua, simplesmente, o ritmo.

Quando idolatramos o talento, com frequência acabamos invejando o talento do outro. Vejo outra pessoa mais talentosa do que eu em alguma área, logo quero ter o mesmo dom. Ou gostaria que ela não o tivesse. O talento do outro me deixa um tanto ressentido.

O anseio pelo bom caráter, no entanto, nunca leva à inveja. Não se pode invejar o bom caráter. O caráter que se assemelha ao de Cristo tem algo de tão positivo que desejá-lo não nos pode fazer mal algum.

Pessoas dotadas de grande talento conseguem usar seus dons para correr atrás da missão ou da missão enganosa que abraçaram. Pessoas com um caráter bem formado reconhecem que sua missão enganosa não vale a pena e é indesejável.

Na ausência do bom caráter, o talento não será bem empregado. Quanto mais talentosos formos, mais arrogantes, autocentrados e destrutivos estaremos aptos a ser. O talento em profusão, na inexistência do caráter bem formado, sempre nos levará em direção a nossa missão enganosa.

SANSÃO: ESMAGADO PELO TALENTO

Nas Escrituras, há um homem bastante talentoso, mas sem o caráter necessário para sustentar o próprio talento. O talento sempre cobra um preço: pressões, tentações, o sentimento de poder. Sem caráter, seu talento esmagará você. Como aconteceu com Sansão.

Lemos no livro de Juízes, capítulo 13, o relato de como um anjo de Deus aparece para um casal sem filhos e lhe anuncia que terá um filho. Ele lhe diz que Deus dotará esse filho em abundância e que ele deve ser dedicado a Deus. Será um líder poderoso. Libertará seu povo de viver sob o calcanhar dos filisteus.

O filho do casal, Sansão, precisava se tornar um "nazireu". O termo designa uma ideia obscura tirada de Números, quarto livro do Antigo Testamento, em que Deus diz que, se as pessoas quisessem se dedicar a ele de maneira especial, poderiam reservar uma época de compromisso e devoção — um tempo em que fariam três votos para se lembrarem de seu compromisso. Primeiro, não tocar em nenhum corpo morto. Segundo, não beber vinho algum. Terceiro, não cortar o cabelo. Não há nada particularmente virtuoso em nenhuma dessas promessas. São apenas votos temporários, porém carregados de simbologia. São lembretes concretos a alguém que resolvera se dedicar a fazer algo por Deus. Para Sansão, esses votos seriam um estilo de vida. Deveriam ajudá-lo a cultivar um forte senso de devoção a Deus. Ele teria de dizer não para determinadas opções em sua vida e manter os votos que lhe dariam força interior para isso.

Sansão cresce e torna-se um homem de dons extraordinários. Na cultura em que está inserido, a força física é importante. E isso ele tem de sobra. É capaz de partir um animal selvagem em dois com as mãos nuas. Consegue derrotar uma dúzia de homens normais no combate corpo a corpo. Trata-se de um espécime tão fascinante que os homens querem ser como ele, e as mulheres, estar com ele. Tem carisma, aquela espécie de magnetismo que faz as pessoas desejarem segui-lo na batalha, na aventura e no desconhecido. Tem poder. Ocupa um cargo que, na época, denominava-se "juiz", em Israel.

Sansão, "o cara"

Naqueles tempos, Israel não tinha reis. Os juízes desempenhavam o papel de líderes sobre todo o povo. Não eram como os juízes de hoje, uma pessoa que senta em uma tribuna e determina o destino dos casos que lhe apresentam. Na época, o juiz era a autoridade política e militar suprema de Israel. Sansão era o "manda chuva", o macho alfa. Quando as pessoas chegavam a ele e diziam: "Você é o cara, Sansão", certamente ele não respondia: "Que nada; *você* que é o cara". Pelo contrário, ele concordava: "Tem toda a razão; eu sou o cara".

Tenho tentado achar algum tipo com quem ele se pareceria nos dias de hoje. Sansão seria como um preparador físico, com seu corpo incrível, dotado também do *glamour* de um astro do cinema capaz de protagonizar filmes de ação de elevada soma de dinheiro. Ele talvez pudesse usar seu *glamour* para entrar na política e se tornar "o Governador" do seu estado — ou algo desse porte. Acrescente-se, entretanto, a tudo isso o fato de ele contar com unção espiritual. Era um homem usado por Deus.

Um dos detalhes surpreendentes da história de Sansão é que, às vezes, Deus o usou *por causa* do que ele fazia. Outras vezes, *apesar* do que fazia. A vida de Sansão nos mostra que, mesmo havendo unção espiritual e um ministério impressionante, o talento jamais compensa a falta de caráter.

Em uma rápida sucessão de acontecimentos, Sansão quebra dois dos três votos de nazireu: toca um corpo morto (a carcaça do leão que ele matou) a fim de comer o mel que estava dentro. Por nunca ter aprendido a dizer não a seu apetite, ele desrespeita seu voto a Deus. Mais tarde, na despedida de solteiro que oferece a si mesmo, ele bebe vinho, infringindo o voto número dois (Juízes 14). Mas a quebra do voto final é a mais famosa — e trágica.

O ex-fortão

Sansão se apaixona por Dalila, uma filisteia. Esse fato, por si só, já é bastante negativo; os filisteus viviam tão distantes quanto possível dos valores e da cultura de Israel. Adoravam um deus chamado Baal-Zebube (2Reis 1.2), senhor Baal. A religião deles era daninha a ponto de a prostituição cultual ser parte importante da adoração a Baal, bem como o sacrifício de bebês. Tais coisas eram tão repulsivas para os hebreus que, para expressar quanto os menosprezavam, chamavam o deus dos filisteus de Belzebu. Soa familiar? Belzebu vem de *Beelzebube*, termo hebraico para "Senhor das Moscas". Belzebu é um deus obscuro, associado ao local em que as moscas se juntam — uma pilha de esterco.

Os filisteus passam a usar Dalila para atingir Sansão — e tentar descobrir o segredo da força física dele.

Dalila lhe pergunta o tempo todo: "Qual o segredo da sua força?". E ele o tempo todo inventa respostas. Por fim, ela reclama: "[...] Como você pode dizer que me ama, se não confia em mim? Esta é a terceira vez que você me fez de boba e não contou o segredo da sua grande força" (Juízes 16.15).

Dalila continua a importuná-lo até que Sansão, fartando-se dessa história, conta-lhe o segredo. Esse homem grande, forte — esse líder carismático, fascinante —, revela seus segredos a uma mulher queixosa. "[...] 'Jamais se passou navalha em minha cabeça', diz ele, 'pois sou nazireu, desde o ventre materno. Se fosse rapado o cabelo da minha cabeça, a minha força se afastaria de mim, e eu ficaria tão fraco quanto qualquer outro homem' " (Juízes 16.17).

Agora você compreende o significado do cabelo. Esse é o único voto que Sansão jamais houvera quebrado. Mas, de repente, ele se associa à parceira errada, porque nunca aprendeu a dizer não aos próprios apetites. Porque nunca aprendeu a suportar a frustração e o desapontamento, esse homem a quem foram concedidos dons tão generosos estraçalha o último vestígio de sua devoção a Deus e viola o único voto que faltava. Agora ele não é mais um nazireu; é apenas um sujeito que um dia fora muito forte.

Você conhece o resto da história. Sansão vai dormir. Dalila corta-lhe o cabelo e o amarra. Quando os filisteus chegam para levá-lo, ele se põe em pé de um salto e pensa em enfrentá-los todos. Surge, então, uma das declarações mais tristes da Bíblia: "[...] Mas não sabia que o Senhor o tinha deixado" (Juízes 16.20).

Não sabia.

Caráter, entre outras coisas, é a capacidade de ser habitado por Deus. Toda escolha errada, todo pensamento obscuro que acolho, torna-me um pouco menos sensível à presença divina. No final, o caráter de Sansão estava tão desgastado que ele não lhe sentiu a erosão nem percebeu quanto Deus estava ausente da sua vida. O sucesso do talento pode mascarar a erosão do caráter. Sansão não teve caráter para sustentar o próprio talento. No fim, os filisteus o capturaram e arrancaram-lhe os olhos.

Por irônico que pareça, só depois de perder a visão — depois de o cegarem, humilharem e

> Se você não desenvolver o caráter para sustentar seus talentos, eles, na verdade, se tornarão destrutivos em sua vida.

aprisionarem — Sansão clamou a Deus pedindo ajuda. No entanto, até na morte sua história é ambígua. Ele pede forças a Deus para "[...] que eu me vingue dos filisteus por causa dos meus dois olhos!" (Juízes 16.28). Sua vida chega ao fim, como foi vivida, na ambiguidade da sombra: grande poder, o desejo de servir a Deus misturado ao desejo de vingança.

A FORMAÇÃO DO CARÁTER

Como Sansão, você talvez possua talentos extraordinários. Mas, se não desenvolver o caráter para sustentá-los, eles, na verdade, se tornarão destrutivos em sua vida. Sua missão enganosa sairá vitoriosa, e seus dons o esmagarão. É só uma questão de tempo.

Você não tem como escolher os dons que lhe são concedidos. Mas *tem,* sim, como escolher o caráter que construirá para você mesmo. O caráter — a capacidade de crescer até atingir a estatura de Cristo — está disponível para qualquer um que o deseje. Contudo, não vivemos em uma cultura que exalta o caráter. O desafio da formação de um caráter como o de Cristo reside no fato de que isso exige tempo, não possui *glamour* nem rende grande coisa... a não ser uma vida com Deus... a não ser a cura para seu coração partido, faminto, machucado, cansado... a não ser a satisfação para sua alma... coisas que o talento jamais consegue produzir.

Repetindo: a formação do caráter é essencial para o nosso bem-estar. Não está relacionada ao *glamour*. No trabalho, na vida, até em nossas igrejas, costumamos pensar: "Com tanta coisa acontecendo, homem, não tenho tempo de trabalhar meu caráter". Na verdade, esta é a questão: quem eu quero ser? Podemos fazer coisas que pareçam impressionantes, mas o que levamos para a eternidade é *quem nos tornamos*.

Então, como pôr em prática essa coisa nebulosa chamada "construção do caráter"? Bem, a construção do caráter tem uma dinâmica estranha, dessas de que, em geral, não se consegue ir ao encalço diretamente. Alguém poderia dizer: "Vou me esforçar ao máximo para ser humilde hoje". Mas esforçar-se ao máximo não gera humildade. E, se por um instante você conseguir mesmo ser humilde, muito provavelmente, em seguida, seu pensamento será: "Uau, estou sendo tão humilde... Por que será que as pessoas não conseguem ser como eu?".

Em se tratando de formação de caráter, você precisa usar o princípio das vias indiretas. Funciona mais ou menos como a felicidade. Claro, ela faz parte de um caráter saudável, mas não se pode buscar a felicidade transformando-a no foco principal da vida. Ela vem como subproduto de outras buscas. Creio que o caráter também seja subproduto da busca de Deus e do seu Reino.

Não podemos chegar à construção do caráter por meio do autoaperfeiçoamento moral.

> Podemos fazer coisas que pareçam impressionantes, mas o que levamos para a eternidade é *quem nos tornamos.*

A redenção do nosso caráter é um trabalho do tamanho de Deus. Mas não podemos permanecer passivos. Existem práticas capazes de contribuir para a formação do nosso caráter. Richard Foster escreveu sobre isso com grande sabedoria em seu clássico *Celebração da disciplina*. Ele identifica uma série de práticas que, quando adotadas com sabedoria e seriamente, ajudam a conduzir ao crescimento espiritual. Por exemplo, se a humildade é algo que preciso de fato trabalhar, posso me envolver com atos de serviço. Ou se uso a língua para intimidar, exagerar ou enganar, então a prática do silêncio será muito importante no meu caso.

A ideia de adotarmos práticas ou disciplinas espirituais pode, a princípio, intimidar. Em geral, "disciplina" não é um termo feliz nos nossos dias. Mas vale lembrar que essas práticas são apenas um meio para atingir determinado fim. Qualquer pessoa que sinta sede de mudança em qualquer área da vida as seguirá. Pensamos nos ascetas do passado, da Idade Média, como pessoas estranhas. No entanto, vários dos maiores ascetas dos dias de hoje jogam na Liga Nacional de Futebol Americano ou se apresentam em salas de concerto. Sujeitam o próprio corpo a um treinamento sério e sábio de modo que sejam capazes de fazer o que desejam profundamente: liquidar os *quarterbacks* ou tocar "Stairway to Heaven".

Hoje em dia, costuma-se pensar em treinamento como algo que se faz para desenvolver talentos. Mas pessoas sábias sempre entenderam que o desenvolvimento do caráter requer "treinamento". Agimos assim perguntando com o que se parece o bom caráter. Questionamos: "Quais são os obstáculos que me impedem de

> Não podemos chegar à construção do caráter por meio do autoaperfeiçoamento moral. A redenção do nosso caráter é um trabalho do tamanho de Deus. Mas não podemos permanecer passivos.

ter esse tipo de caráter? Tenho propensão para a fofoca, ou para a preguiça, ou para a amargura, ou para o egoísmo, ou para o poder, ou para a apatia?". Depois indagamos: "Por intermédio de quais práticas eu receberia poder para viver um tipo diferente de vida?". O objetivo das disciplinas é sempre a liberdade. Quero ser livre para fazer a coisa certa, no momento certo, do jeito certo e pelo motivo certo.

Um exemplo clássico de missão enganosa em nossos dias é o problema do vício. Temos uma amiga chamada Sheila — alta, articulada, carismática, brilhante, advogada formada em uma das maiores universidades norte-americanas. Sua missão enganosa era se sentir bem. Com o tempo, essa missão fez que ela bebesse tanto quanto possível, sempre que possível, para evitar toda dor possível. Durante longo tempo, seu talento levou muita gente a encontrar um monte de desculpas para ela. Mas acabaram tendo de lhe dizer que mais um único passo em falso representaria o fim do seu emprego.

E ela pisou em falso. De novo.

Sheila foi parar na ala para recuperação de viciados de um hospital psiquiátrico. O médico lhe disse que fosse a uma reunião dos AA na primeira manhã. Ela respondeu: "Não vou participar de reunião nenhuma com um bando de bêbados às 6 da manhã". O médico retrucou: "Não só vai, como já está incumbida de preparar o café para esse bando de bêbados às 6 da manhã".

Ela foi. Preparou o café. Juntou-se ao clube. Começou a seguir os Doze Passos. E, por meio dessas práticas — rendição, autoexame, confissão, responsabilização e assim por diante —, começou a receber poder para realizar o que não fora capaz antes, sozinha. Sheila recebeu a libertação de sua missão enganosa. Um dia por vez.

Encontrando seu Mardoqueu

Raras vezes, a construção do caráter se dá em isolamento. Nunca seremos bem-sucedidos no combate a nossa missão enganosa se não tivermos alguém que nos fale a verdade. Todo mundo precisa de um Mardoqueu.

O que quero dizer com isso? Procure relembrar a história de Ester. Você acha que ela abriria mão da missão enganosa de uma vida de conforto, de dietas relaxantes para se manter bela, sem o desafio inspirador de Mardoqueu? Pouco provável. Ela teria percebido o perigo que corria? Pouco provável. Teria agido? Menos provável ainda. Só deu ouvidos ao seu fiel guardião; só de Mardoqueu ela aceitou o desafio, mesmo com todos os seus instintos de autoproteção lhe dizendo não. Ester e Sansão talvez fossem os grandes estereótipos de mulher e homem de talento, cada qual na sua época. Uma das maiores diferenças entre eles é que Ester contava com Mardoqueu, e Sansão, não.

> Quem ama suficientemente você para o desafiar quando você está prestes a se dar por satisfeito com sua missão enganosa?

Quem é o Mardoqueu da sua vida? Quem ama suficientemente você para o desafiar quando está prestes a se dar por satisfeito com sua missão enganosa? Se você faz parte de uma equipe de presbíteros ou líderes, seja na igreja, seja em seu trabalho, mantém conversas regulares, sinceras, sem medo sobre a realidade da sua missão enganosa? Se ocupa posição de liderança em uma equipe, você lhe serve de modelo e procura instruí-la sempre? Se é líder e desconhece sua missão enganosa, posso garantir que você é o único integrante da equipe de líderes que sabe qual é ela. Todos os outros sabem e discutem sobre ela.

Portanto, encontre seu Mardoqueu. Ele é alguém mais dedicado ao desenvolvimento do seu caráter do que impressionado com seu talento. Muitas vezes, essa pessoa é o cônjuge ou um amigo íntimo. Mas mesmo alguém que esteja mais próximo nem sempre enxerga todos os aspectos da sua vida. Você precisará de outros membros da família, de outros amigos ou colegas que o amem, gente em quem possa confiar, capaz de dizer a verdade a você. Peça-lhes para dizerem quando você estiver enveredando pela estrada errada. E, então, trate de ouvi-los.

Dê nome a sua missão enganosa

Até agora, tenho abordado sobre a questão da identificação da sua missão enganosa. Primeiro, quis que você entendesse as consequências de vida ou morte das missões enganosas. Depois, pretendi deixar claro como o caráter se torna importante na luta contra a missão enganosa, e como o talento pode, às vezes, cegar-nos para a necessidade de ter caráter. Agora, no entanto, é hora de atacar de frente a questão, porque, para combater sua missão enganosa, você precisa lhe dar um nome. Não se pode lutar contra um inimigo que não tem nome.

Coloquei à prova diversos exercícios para o desenvolvimento de uma declaração de missão pessoal e, para dizer a verdade, tenho passado maus momentos preparando uma declaração de missão que "cole". Sou capaz de identificar as áreas gerais em que sou passional, mas elaborar uma frase curta, fácil de memorizar, cheia de significado — isso tem sido difícil.

Não é o que acontece com minha missão enganosa. Conheço-a desde os 12 anos de idade e consigo resumi-la em quatro palavras. Em minha cidade natal, eu costumava apresentar alguns discursos quando criança. Um repórter de jornal fez a cobertura de uma dessas ocasiões. A manchete foi: "Menino extrovertido ganha aplauso". Eis o *slogan* da minha missão enganosa. Sei que, não fosse pela ajuda de Deus, minha vida seria um exercício de autoidolatria, um esforço infrutífero para conquistar aprovação. Luto contra essa missão todos os dias e lutarei durante o resto da minha vida. As pessoas que amo sofrem por causa dela.

Lembro-me de um homem com quem conversei há algum tempo, um líder em negócios do mundo corporativo. Casado, com filhos pequenos, sua família reclamava que ele nunca estava em casa. Diante disso, ele justificava: "Eles não entendem; faço tudo isso por eles".

"De verdade mesmo?", eu o desafiei. "Tem certeza de que faz tudo isso por eles? Mas por que continua fazendo, se eles não querem que você faça? Se eles não existissem, sua vida seria muito diferente do que é hoje? Você não continuaria trabalhando do mesmo jeito que agora?"

Na realidade, ele não estava fazendo nada por eles. Ficou muito claro por quem ele o fazia. Seu *slogan* podia ser o oposto exato do que ele afirmava, ou seja: "Eles não entendem; faço tudo isso por mim!".

Lembro-me também de uma conhecida minha, antiga diretora de uma organização educacional baseada na fé. Mulher enérgica feito um chicote. Cheia de vida. Dona de enorme dinamismo. Contudo, a frase que ela mais dizia era uma só: "Sinto muito", em lugar de "O desafio é grande, mas vamos vencê-lo"; em lugar de "Que sorte a nossa de estarmos fazendo isso" e em lugar de "Vamos investir contra o amanhã".

"Sinto muito."

E seu pequeno segredo sujo, a verdade por trás de tantos pedidos de desculpas, desconhecido de todo mundo — até mesmo dela — era que ela não sentia nada. Só medo. Se pudesse examinar o que estaria por baixo desse medo, creio que você toparia com certa raiva a dominar o espaço. Acho que minha conhecida sentia raiva das pessoas por não gostarem dela, embora fosse sempre tão gentil; devia sentir raiva de si mesma por dizer "sinto muito" tantas vezes, quando na verdade não sentia nada.

Essa mulher tinha uma missão enganosa, por mais que fosse sutil. Consistia em ser amada. Ou mostrar-se tão mais amável que todo mundo que, caso as pessoas não gostassem dela, poderia se sentir justificada se as julgasse ou lhes rejeitasse a desaprovação. A missão enganosa dessa pessoa amiga estava tão imersa em pedidos de desculpas que chegava quase a parecer radiante. Mas era uma missão enganosa do mesmo jeito. No fundo, ela não tinha nada de gentil. A questão era evitar conflitos, livrar-se de aborrecimentos e fugir da desaprovação. Como todas, essa missão era resistente à verdade. No final, sugou-lhe toda a integridade e a vida, e ela acabou abandonando seu chamado. Ao partir, no discurso que proferiu, disse: "Sinto muito".

Pense por um instante em toda a dor no coração que poderia ser evitada se as pessoas fossem alertadas de suas missões enganosas. Por isso, é tão importante identificar a sua — a fim de poder destruí-la.

Antes de tentar nomear sua missão, no entanto, sentar-se por algum tempo em silêncio pode ser uma boa ideia. Ore. Peça ao Espírito Santo que abra seus olhos, pois Deus promete dar sabedoria àqueles que a pedirem (Tiago 1.5). Paulo usa a imagem da armadura porque esse tipo de trabalho é uma batalha — requer o cinto da verdade, a couraça da justiça (caráter de novo!), o escudo da fé (você não tem como fazê-lo sozinho), o capacete da salvação (não se pode mais nem andar de bicicleta sem capacete, e estamos falando de coisa bem mais perigosa) e a espada do Espírito (Efésios 6.10-18; Hebreus 4.11-13).

Pense no passado. Pergunte: Quando eu falhei? Quando senti vergonha? Quando um sussurro suave indicou que me desviara da trilha?

Leia a relação das "Dez missões enganosas principais" (página 64). Reconhece alguma delas por experiência própria? Ou você vê a sua missão enganosa refletida nas histórias de Ester, Sansão ou alguma outra personagem bíblica?

Tome nota de suas considerações, se você é do tipo que gosta de escrever. Desenhe um círculo em volta das suas tentações. Dê um *zoom* em seus pontos fracos. Isso feito, tente resumir tudo em uma frase, depois em um *slogan*, talvez até em uma só palavra. Passe-a para seu "Mardoqueu" e veja se alguém que o conhece bastante enxerga a mesma coisa em você.

Uma amiga pôs em prática esse exercício. Depois de meditar e orar um pouco, aqui está como ela resumiu a sua missão:

Frase: Resvalo para minha missão enganosa quando tenho tantos afazeres que cumprir tarefas se torna mais importante do que amar a Deus e a meu próximo.

Slogan: Lista de tarefas cumpridas.

Palavra: Ocupada.

Talvez você se descubra combatendo missões enganosas múltiplas. O nome delas é legião! Por ora, no entanto, opte por se concentrar em uma só: aquela que você mais sente vontade de esconder. Trabalhe nela por algum tempo. Não faltará a você oportunidade para passar para a de número 2. (A menos que a de número 1 seja procrastinação.) Pode ter certeza de que Deus o conduzirá nesse processo.

Por fim, depois de tudo isso, se você ainda não for capaz de nomear sua missão enganosa,

As dez principais missões enganosas

1. Tudo que quero da vida é uma casa, saúde e um belo plano de previdência privada.

2. Estou ocupado, ocupado, ocupado.

3. Não me interessa quem está no comando — desde que seja eu.

4. Só quero saber quanto eu levo nisso.

5. *Eu* — isso é tudo que me importa.

6. Manter vícios ocultos.

7. Amanhã pensarei no assunto.

8. Parecer agradável para evitar conflitos.

9. Em primeiro lugar, subir; em segundo lugar, os outros.

10. Compre até cair.

trate de obter ajuda externa. Encontre seus Mardoqueus e questione-os!

Foco na alegria

Tendo deixado para trás todo o peso opressivo de dolorosas reflexões e autoavaliações, chegou a hora de fazer uma pausa. Literalmente. Uma das melhores maneiras de combater sua missão enganosa é não se concentrar nela. Em vez disso, fixe o foco na alegria. Alegria não estratégica.

Alegria estratégica é aquela proveniente da execução bem-sucedida de um plano. Como tal, ela costuma estar associada a uma missão enganosa.

Alegria não estratégica não está relacionada com o sucesso da pessoa, com sua habilidade ou poder. Ela simplesmente *é*.

Gastar tempo com pessoas não estratégicas é uma grande fonte de pura alegria. Rolar no chão brincando de luta com seus filhos; acompanhar os estudos de uma criança da sua comunidade; passar tempo com os amigos; marcar um encontro romântico com seu marido ou com sua esposa, tudo isso ajuda muito a propiciar a alegria não estratégica.

Para mim, durante o último ano, mais ou menos, uma fonte de alegria não estratégica tem sido o golfe. Bem, o golfe pode estar muito perto de ser uma missão enganosa em e por si mesmo. Comecei a jogá-lo e gosto do esporte. Mas ele não me ajuda a atingir objetivo algum, nem a fazer nada importante; para mim, é alegria pura. E, se aproveito para dar vazão a minha raiva, imaginando o rosto de alguém naquela bolinha branca ao batê-la, melhor ainda!

Deus nos deu outra fonte impressionante de alegria não estratégica: a adoração. Seja com um

> Uma das melhores maneiras de combater sua missão enganosa é não se concentrar nela. Em vez disso, fixe o foco na alegria. Alegria não estratégica.

órgão de tubos, seja em meio a um grupo de oração; seja obedecendo à liturgia, seja em entusiasmo de Espírito, a adoração pura e autêntica ao Senhor é o melhor de todos os antídotos contra a missão enganosa que nos entristece o coração. Adoração é (ou deveria ser) alegria pura. Renda-se a ela com regularidade.

MISSÕES ENGANOSAS NAS ORGANIZAÇÕES

Quando meus olhos foram abertos para a ideia das missões enganosas, vi que elas não afligem apenas os líderes. Infectam também organizações inteiras.

A igreja à qual sirvo fica a poucos quilômetros de distância da famosa Universidade de Stanford, no coração do vale do Silício. Se Babel fosse construída no século XXI, provavelmente essa região apostaria no sucesso do projeto. Especuladores, empresários astutos, empreiteiros com milhões de dólares para investir em casas e técnicos de primeira linha convivem na terra dos sonhos bilionários. Todos educadíssimos, riquíssimos, ocupadíssimos.

A comunidade vizinha chama-se East Palo Alto, a qual, há poucos anos, tinha a taxa mais elevada de assassinatos *per capita* do país. Mas fica a um mundo de distância.

A equipe nomeou a missão enganosa da igreja, anos antes de eu chegar lá, levando em conta a característica da localização. Não usaram a expressão "missão enganosa", mas foi o que descreveram. Essa equipe, às vezes, brincava que nosso lema deveria ser "Uma igreja bem-sucedida para pessoas bem-sucedidas".

Imagine se a missão enganosa da sua igreja fosse afixada no letreiro, na frente do prédio, ou passasse a figurar no timbre impresso em cartões de visita e todo material de papelaria. Qual seria o seu *slogan*? "Podemos não crescer, mas julgamos as igrejas que crescem." "Cuidamos do nosso rebanho — e você não faz parte dele."

Negócios e organizações sem fins lucrativos não estão imunes à síndrome de deficiência de missão. Determinado escritório de contabilidade começa suas atividades com a missão de acompanhar com lisura as práticas financeiras das empresas — ajudando a implantar um senso de responsabilidade. Depois de algum tempo, no entanto, o escritório cresce, atrai mais clientes e a missão muda para "manter e aumentar o tamanho sem ser apanhada na prática de algo ilegal". Depois de algum tempo, o "sem ser apanhada " da missão enganosa diminui de importância. A partir desse momento, o alarme começa a dar sinal.

Outra empresa nasce com o sonho de fornecer às pessoas uma energia barata e boa para o ambiente. Os lucros sobem. De repente, a pressão se concentra no aumento dos lucros, mesmo que em detrimento da visão original. As pessoas no topo da organização são consideradas gigantes pelas principais publicações do segmento. No fim, a missão da empresa se torna: "Manter o ego inchado das pessoas no topo". Fusões, propinas, periódicos pouco confiáveis que relatam estratégias, escritórios extravagantes, práticas financeiras irreais implementadas pela diretoria, tudo isso existe longe dos olhos do público; em geral, só é conhecido dentro da companhia. Tais estratégias são indicadores da missão enganosa da corporação.

O ocupante de um cargo público é tão poderoso que maquina a queda de inúmeros rivais, permitindo-se, na prática, selecionar a dedo as pessoas contra quem concorrerá nas próximas eleições. Mantém uma lista de seus inimigos. Incentiva uma cultura em que todos que se reportam a ele são implacáveis em termos de arrogância e poder. Por fim, qualquer que fosse a missão existente no início, ela é engolida pela missão enganosa, e o castelo de cartas inteiro desmorona.

Uma empresa de alta tecnologia está tão comprometida com a conquista de mercados estrangeiros que se deixa usar por um governo totalitário cuja intenção é levantar informações sobre dissidentes políticos, os quais serão presos injustamente. Quando isso vem a público, os executivos da empresa de alta tecnologia dão de ombros. Escrúpulos éticos seriam bem-vindos, mas não há como permitir que interfiram na missão enganosa de dominação global.

Uma executiva-chefe contrata detetives para espionarem seus funcionários e seu conselho diretor porque a missão enganosa tornou-se "Submissão e lealdade a todo custo".

Presidentes de empresas e magnatas do mercado imobiliário usam livros, seminários e programas de TV para converter o próprio rosto e nome em uma marca, servindo à missão enganosa que declara: "Ser o vencedor supremo é tudo".

CONDUZINDO A EQUIPE PARA O CAMPO DE BATALHA

Como os exemplos precedentes revelam, identificar a missão enganosa e lutar contra ela é bom, mas qualquer líder que se preze também identificará e lutará contra esse tipo de missão da empresa, igreja ou organização que ele/ela dirige. A melhor maneira de fazê-lo é alertar a equipe inteira sobre o conceito da missão enganosa, de modo que, juntos, todos conheçam a face do inimigo contra o qual estão guerreando.

Convoque para um retiro

Se lidera uma equipe, talvez você queira usar algumas reuniões prolongadas ou mesmo um retiro para apresentar e, em seguida, investigar o assunto sobre a missão enganosa. Pode ser útil para todos saírem do local a que estão habituados, para a distanciar os membros da equipe das tarefas do dia a dia, a fim de que voltem o foco para questões mais abrangentes. Como deve acontecer em qualquer retiro, lembre-se de incluir algum entretenimento para deixar o humor mais leve e encorajar a construção de relacionamentos.

Dependendo de como esteja a atmosfera dentro da equipe e os relacionamentos entre seus integrantes, o assunto da missão enganosa terá potencial para instigar e energizar ou para intimidar e ameaçar.

Talvez ajude saber que todo ser humano e toda organização lutam contra essa situação. A questão não é *se* você tem uma missão enganosa, mas se pretende lidar com ela. Talvez você precise apontar exemplos de alguns indivíduos, igrejas, empresas ou administrações conhecidas que se tornaram incapacitados pela dinâmica dessa missão. Compreender o que está em jogo pode contribuir para fomentar a energia das pessoas para a discussão.

Como líder, você só terá a ganhar compreendendo uma verdade simples: todos que se reportam a você já têm consciência da sua missão enganosa — talvez até mais do que você.

Um século atrás, um grande estudioso chamado W. E. B. DuBois observou que os afro-americanos tinham um grande dom a oferecer para a América branca — se a América branca aceitasse. O dom que ele denominou de "visão dupla" — a capacidade de enxergar o país tanto do lado de dentro quanto de fora —, porque seu povo fora mantido do lado de fora por aqueles que detinham o poder do lado de dentro. A missão enganosa de quem está no poder é vista com maior nitidez por quem se encontra debaixo desse poder. Assim, como líder, se você sentir medo de revelar a verdade sobre essa sua missão a quem está a sua volta, relaxe. Provavelmente, eles já a conhecem melhor do que você.

Quando sentir que você e sua equipe estão prontos para lidar com o problema, comece a

> A questão não é *se* você tem uma missão enganosa, mas se pretende lidar com ela.

reunião, se possível, com um período de oração. Pense um pouco em como fazê-lo. Talvez você queira gastar algum tempo em confissão. Dê às pessoas a chance de serem sinceras, diante de Deus, acerca do lado sombrio delas. Em seguida, passe algum tempo em oração pedindo graça. Reserve alguns minutos para receber perdão e misericórdia de Deus. Peça iluminação e sabedoria. Nunca somos capazes de enxergar a verdade toda acerca de nós mesmos sem a ajuda de Deus. Encoraje as pessoas a pedirem a Deus sabedoria quanto à maneira de proferir palavras duras com verdade e amor.

Depois disso, introduza a ideia da missão enganosa. Defina-a, explore-a. Pode ser interessante distribuir uma cópia deste livro a cada membro da equipe e levar todos a passarem um tempo sozinhos lendo-o e meditando, cada qual na sua própria missão enganosa. Discuta a ideia geral do assunto, mas não coloque ninguém na berlinda, nem peça que ninguém dê nome à missão enganosa dele ou dela, a menos que a pessoa se sinta absolutamente confortável para fazê-lo.

Você pode achar que identificar em público esse tipo de missão de uma pessoa talvez seja mais aceito ou necessário no ambiente da igreja que no corporativo, uma vez que, na igreja, somos chamados para assumir responsabilidade espiritual uns pelos outros. Mas não creio que seja o caso. Patrick Lencioni, autor de vários *best-sellers* sobre liderança, escreve que a confiança está na base de uma equipe saudável e que é fundamental, para construir confiança, a dose apropriada de vulnerabilidade do líder. A real vulnerabilidade jamais pode ser fingida. Ela sempre vem acompanhada de algum risco, de uma pequena dor.

Nomeie a missão enganosa da sua organização

Uma vez que você sente que todos compreendem, agora, o conceito de missão enganosa, passe tempo, como equipe, identificando ou nomeando esse tipo de missão dentro da organização. Você talvez queira começar elaborando uma lista das ocasiões em que a equipe saiu dos trilhos. Isso varia de grupo para grupo.

Para algumas equipes, pode ser a falta de estrutura ou a incapacidade de encarar as coisas com seriedade; para outras, pode ser o foco nas questões erradas. O grupo pode sentir vontade de levantar os indicadores ou luzes de emergência que assinalam que há uma operação enganosa em curso. Gaste tempo escrevendo frases, *slogans* e encontrando uma única palavra para as possíveis missões enganosas que vocês encontrarem.

Como saber quando você deu nome a sua missão enganosa? Como saber quando pôs o dedo na ferida? É como o rugir de um leão na selva; ao ouvi-lo, você *simplesmente sabe* do que se trata. Quando ela é nomeada, haverá uma pequena descarga de energia, talvez sob forma de risada, talvez de constrangimento, de reconhecimento, com certeza. Os integrantes da equipe dirão: "É isso! Somos nós!". Um dos motivos pelos quais rimos e lembramos de *slogans* como "Evitando conflitos desde 1973" é o instante de reconhecimento, um "a-ha!" que exclamamos, querendo dizer "eu sou assim" ou "conheço alguém idêntico". É nesse instante que você deve se concentrar na sua discussão.

> Como saber quando você deu nome a sua missão enganosa? Como saber quando pôs o dedo na ferida? É como o rugir de um leão na selva; ao ouvi-lo, você *simplesmente sabe* do que se trata.

Por fim, será oportuno descobrir um Mardoqueu — alguém de fora da organização, capaz de tratar das questões relacionadas à missão enganosa com a equipe toda. Uma pessoa de fora costuma conseguir ver as coisas que quem está dentro não vê. Minha esposa é minha maior incentivadora e amiga. É também meu Mardoqueu mais eficaz. Recentemente, numa primeira semana de janeiro, tive a oportunidade falar em um evento ao fim do qual alguém se aproximou e disse, com certo exagero: "Este foi o ponto alto do meu ano". Minha esposa estava do meu lado, e sua reação foi imediata: "Mas o ano mal começou".

Crie uma estratégia de batalha

Uma vez identificada a missão enganosa da sua equipe, dedique tempo à criação de uma estratégia de batalha. Relacione maneiras pelas quais você pode combater essa missão. Há necessidade de que se implemente um esquema de responsabilização?

Há um sistema, ou agenda, ou rotina que tem de ser modificada? Existe um modo de essa missão enganosa estar na consciência da equipe, porém de um jeito polido ou bem-humorado, sem que pese a mão, sem que se torne negativo nem irritante?

Na guerra contra a missão enganosa, a ferramenta individual mais importante deve ser o isolamento. Ele é crítico para a formação do caráter humano. Acho impressionante pensar que Jesus estivesse isolado no momento mais aflitivo em que ficou face a face com sua missão enganosa. Foi durante os quarenta dias no deserto, quando o Maligno o tentou para que se tornasse o Messias sem passar fome, sem sentir dor, sem sofrer oposição. Foi em isolamento que Jesus lutou contra sua missão enganosa e recebeu graça para dizer não.

As dez principais missões enganosas das organizações

1. Sucesso pelo sucesso.

2. Um grupo de homens destemidos que só dizem sim.

3. Por que arriscar andar sobre as águas quando podemos caminhar nelas?

4. Pessoas foram feitas para ser usadas.

5. Mantenha o sistema.

6. Fique fora do meu "pedaço".

7. Tudo é uma questão de política.

8. Dominar a arte da condescendência maliciosa.

9. Cinismo é com a gente.

10. Evitar responsabilidades.

> Na guerra contra a missão enganosa, a ferramenta individual mais importante deve ser o isolamento. Ele é crítico para a formação do caráter humano.

Como líder, preciso me afastar regularmente de pessoas, conversas e sistemas que costumam rodear-me, porque, mesmo quando estão cheios de boas intenções e atividades construtivas, com o tempo me sentirei tentado a usá-los para ir ao encalço da minha missão enganosa. Quando estou só, o engano é desmascarado. Quando estou só, lembro que nenhuma missão na terra pode me dar o que mais desejo — ser amado e valorizado por meu Pai celestial.

E o que é verdadeiro para mim, é verdadeiro também para as pessoas que servem comigo, que servem acima de mim e abaixo de mim.

Precisamos nos afastar uns dos outros de modo que estejamos livres da necessidade de impressionar, dominar ou usar uns aos outros. Então, seremos capazes de nomear nossas missões enganosas uns para os outros, rir delas, confessá-las, indicar quando começarem a reemergir e nos convocarmos uns aos outros para uma missão mais profunda.

Revisar nossos objetivos também ajuda. Qual a nossa medida? Se nossa missão enganosa, como organização, é "Ser grande", então seria melhor medirmos alguma outra coisa que não apenas a frequência; por exemplo, poderíamos medir o número de vezes no ano em que nós,

> Um dos propósitos da tragédia é nos fazer descer do salto alto, ajudando-nos a reconhecer, com humildade, nossa aptidão para ceder ao engano.

da liderança, servimos comida em um abrigo para sem-teto, ou oferecemos nosso tempo, de maneira sistemática, de alguma outra maneira.

Vou dar a você outra ferramenta que talvez o surpreenda: ler livros de qualidade. Sei que, para líderes muito ativos, ler pode representar um gasto de tempo. Acontece que tragédias como *Macbeth*, *Hamlet* ou *Rei Lear* são histórias de missões enganosas. O filósofo grego Aristóteles disse que um dos ingredientes fundamentais de uma tragédia eficaz é conseguir levar o espectador a se identificar com a personagem principal. Um dos propósitos da tragédia é nos fazer descer do salto alto, ajudando-nos a reconhecer, com humildade, nossa aptidão para ceder ao engano. No entanto, salienta o escritor Alain de Botton, o tom da cultura moderna e o jornalismo praticado pelos tabloides costumam servir de facilitadores para o sentimento oposto: como poderiam essas celebridades e esses políticos e executivos-chefes estranhos e patéticos ter falhas assim inconcebíveis? Ele observa que, se *Otelo* fosse uma história moderna, as manchetes dos jornais diriam algo como "Imigrante apaixonado mata filha de senador".

Para Édipo, o rei, talvez fosse compatível uma manchete como esta: "Membro da realeza flagrado em incesto sensacional".[2] O próprio ato de liderança pode reforçar nossas ilusões de orgulho e onicompetência. Precisamos ler para entender que todos carregamos um Hamã ou um Sansão, um Macbeth ou um Otelo, no coração.

Restaure os desviados com mansidão

Por fim, como líder de equipe, você precisa ser uma espécie de pastor, procurando os membros que se desgarraram para viver suas missões enganosas, conduzindo-os gentilmente de volta ao rebanho. Quando alguém sai dos trilhos, em geral temos a tendência de ignorar-lhe o comportamento, não querendo provocar alardes; temos a tendência de encontrar desculpas para o ocorrido, ou de racionalizá-lo, especialmente se essa pessoa tem o desempenho de uma estrela. Se permanecermos distantes dos que estão se desgarrando, poderemos acabar fazendo fofocas sobre eles

---

[2] Botton, Alain de. **Desejo de *status***. Rio de Janeiro: Rocco, 2005.

ou julgando-os. Nenhuma dessas reações, no entanto, ajuda de alguma forma; a longo prazo, são prejudiciais, sem dúvida alguma.

Em Gálatas 6.1, Paulo escreve: "[...] se alguém for surpreendido em algum pecado, vocês, que são espirituais, deverão restaurá-lo com mansidão [...]". A palavra-chave é "restauração". Uma restauração leva tempo, requer sabedoria; exige reflexão e cuidado, sem jamais abrir mão da gentileza. Mesmo quem pertence ao mundo dos negócios dá motivo para receber uma ação disciplinar. Como Jesus salientou, nessas ocasiões o primeiro passo é conversar com a pessoa face a face e a sós (Mateus 18.15).

Aqui vai o exemplo de alguém que fez isso em meu favor. Há cerca de um mês, compartilhei com um amigo íntimo uma conversa que tive com minha esposa. Nessa conversa, Nancy chamou-me a atenção para o fato de que eu estaria sendo menos prestativo em casa. Acrescentei que, em casa, minha missão enganosa tende a ser de autopreocupação e passividade. Esse amigo então falou: "Sabe de uma coisa? Tenho observado mesmo esse seu comportamento. Ultimamente, quando penso em conversar com você ou enviar um *e-mail* para você, acabo me contendo, pois sinto que o poderia atrapalhar".

Meu amigo não me acusava de nada. Na verdade, nem sequer me exortava a fazer alguma coisa. Apenas comentara sobre suas impressões acerca da nossa relação. Ele e eu somos bastante íntimos, e foi doloroso pensar que alguém com quem me importo pudesse sentir que me atrapalharia. Tivemos uma longa conversa, e mais tarde refleti bastante sobre o assunto. Percebi que, quando passo para o modo missão enganosa, uso minha energia e meus talentos para

> Quando passo para o modo missão enganosa, uso minha energia e meus talentos para fazer que as pessoas me aplaudam. Com isso, quem está próximo de mim sente que não tenho tempo para lhe dedicar.

fazer que as pessoas me aplaudam. Com isso, quem está próximo de mim sente que não tenho tempo para lhe dedicar. A descoberta fez que eu assumisse uma atitude mais humilde.

Quer seja individual a missão enganosa contra a qual você esteja lutando, quer seja corporativa, alguns dos sintomas da enfermidade e algumas estratégias para combatê-la serão sempre as mesmas. Para sua comodidade, eu as resumi em duas seções específicas (páginas 89 a 91). Use-as para dar início ao seu próprio diagnóstico, a fim de criar uma estratégia de batalha.

DA MISSÃO ENGANOSA PARA UMA VISÃO DE RELEVÂNCIA

Conquanto seja importante construir o caráter e identificar a missão enganosa, na verdade você só precisa de uma coisa. Sem ela, até pode nomear sua missão enganosa, reconhecê-la, combatê-la e, ainda assim, perder. Esse detalhe essencial é uma visão de Deus e da realidade do Reino dele.

A Reforma, o Grande Avivamento, o Movimento de Jesus, qualquer grande movimento divino começa com uma visão, conforme Dallas Willard destaca em seu pequeno livro *Living in the Vision of God* [Vivendo na visão de Deus]. Essa visão não está relacionada com o que as pessoas, a igreja ou o movimento fará. Tampouco é uma visão relacionada com o futuro.

A visão que de fato importa é a de quanto Deus é bom e de como sou abençoado por ser seu filho; a visão de uma realidade já existente, capaz de enxergar a bondade e competência de Deus. Então, da virtude dessa visão nasce o desejo de fazer algo para Deus, de tornar seu Reino em algo concreto, pois a obra de Deus é muito abrangente, e a necessidade dessa visão é importante tanto para os negócios quanto para as escolas e igrejas locais. Toda obra humana foi projetada para estar atrelada àquilo que Deus faz.

Com o passar do tempo, à medida que o movimento, a organização ou a igreja se desenvolve, as pessoas começam a se concentrar no crescimento, mais do que na realidade de Deus. Dessa forma, a missão enganosa substitui a visão do Reino. Quando isso acontece, é só uma questão de tempo para que tudo desmorone. Surgem pelo caminho questões como estas: Como fazer essa coisa crescer? Como torná-la melhor? Como mantê-la de pé, pelo menos? Passamos a nos preocupar com números, objetivos e programas, enquanto as pessoas passam a conviver com o estresse, a exaustão, a fadiga e a competição. Sem perceber, não só perdemos a visão essencial de Deus, como também a da nossa verdadeira missão, e resvalamos para a nossa missão enganosa.

> Com o passar do tempo, à medida que o movimento, a organização ou a igreja se desenvolve, as pessoas começam a se concentrar no crescimento, mais do que na realidade de Deus. Dessa forma, a missão enganosa substitui a visão do Reino.

Sintomas de uma missão enganosa em ação

- Uma sensação crônica de insatisfação da alma. Quando no trabalho me sinto menos um ser humano e mais um dente da engrenagem de uma máquina.

- Os indicadores emocionais: irritabilidade, falta de gratidão ou alegria, impaciência profunda, sentimento de estagnação. Dificuldade para encontrar ou manter motivação. Quando diminuo o ritmo e me pergunto: "Por que estou fazendo isso?".

- Um senso de vaidade, de exclusividade e de orgulho autocongratulatório. Quando tenho necessidade constante de me fortalecer comparando nossa organização com outras da mesma área de atuação, porém menos impressionantes.

- Ocupação com tarefas sem importância. Quando perco o senso de significado do que faço e prefiro recorrer à submissão rotineira a me comprometer com a autenticidade.

- Os relacionamentos são superficiais. Quando as pessoas se tornam objetos a serem usados; o anonimato toma conta de tudo; ninguém se conhece fora do cubículo que ocupa; os supervisores não se importam com a vida, a família e os interesses de seus subordinados; poucas amizades nascem no trabalho, e as pessoas se sentem estranhas umas às outras.

- Autoglorificação. Quando meus dons não são usados para glorificar a Deus, mas para me satisfazer.

- Ausência de autenticidade. Quando os líderes ministram palestras motivacionais cujo tom transmite a sensação de coisa falsa, inventada, manipuladora. Faltam descrições simples e honestas sobre por que o que fazemos tem importância. A reação das pessoas é superficial, mas, no fundo, existe uma insatisfação, uma retração, que as leva a se expressar de maneira dissimulada e destrutiva.

- Esvaziamento. Quando impera entre o grupo de empregados o sentimento de que a organização está consumindo o que lhe resta de reservas relacionais, acumuladas em épocas anteriores, mais ricas, mais dedicadas.

- Perda de excelência. Quando deixa de ficar claro, para as pessoas, o que é ser eficaz. O que um dia foi uma visão clara e atraente está sendo cada vez mais substituída por comportamentos de "administração da insatisfação" ou de "sobrevivência".

Estratégias para lutar contra sua missão enganosa

- **Passe tempo a sós e em silêncio**. Reserve alguns momentos para você e para os outros membros da equipe ficarem a sós, de modo que identifiquem, com muita clareza, qual é sua missão enganosa.

- **Mantenha-se humildemente aberto para a verdade**. Leia grandes livros com um espírito arrependido.

- **Seja sincero**. Nomeie sua missão enganosa com coragem, precisão e bom humor.

- **Identifique as consequências**. Reflita com a equipe como seria destrutivo ceder à missão enganosa da organização, e renovem o compromisso de lutar contra ela.

- **Quantifique seu progresso**. Decida como avaliar e medir com clareza o movimento de distanciamento da missão enganosa.

- **Comemore**. Comemore, regularmente, em equipe, o progresso alcançado, visando alcançar a verdadeira missão da sua organização.

O único modo seguro de conduzir uma equipe é permanecer atrelado à visão divina. Não se trata de uma visão do que pode vir a acontecer um dia. Trata-se de uma visão do que já *é*. Uma visão de Deus e da bondade dele. Se consigo viver com essa visão, procurarei, então, fazer boas coisas com Deus. Não me prenderei a resultados como se fosse uma questão de vida ou morte.

Quando comecei a frequentar a igreja à qual sirvo hoje, percebi o erro que há em chegar e começar um ministério com esta abordagem: "Muito bem, vejam só para onde estamos indo e observem agora para onde conduzirei vocês". Ao contrário, tivemos de aprender juntos e ter, como ponto de partida, a realidade de Deus, do bom Deus que adoramos, vivendo na liberdade e alegria da presença de Deus.

Aprendi também que não podia liderar pessoas que eu não conhecia e que não me conheciam. Até posso me sentir tentado a achar que liderança significa propor uma visão arrebatadora e fazer que as pessoas apenas perguntem a que altura devem pular. Mas não é assim que acontece. Nas trincheiras e

> Mas, uma vez que um grupo se concentra na bondade de Deus e em viver um relacionamento cheio de significado uns com os outros, torna-se capaz de realizar grandes coisas.

nos bancos das igrejas, as pessoas estão se perguntando: "Quem é esse sujeito e por que ele quer fazer isso?".

A necessidade do relacionamento e da confiança é fundamental. Mas, uma vez que um grupo se concentra na bondade de Deus e em viver um relacionamento cheio de significado uns com os outros, torna-se capaz de realizar grandes coisas. Vidas são transformadas. Os famintos são alimentados. E um pedacinho do Reino de Deus é implantado e se desenvolve aqui na terra.

AS VANTAGENS DE PERMANECER NA MISSÃO

Examinamos as consequências negativas de sucumbir à missão enganosa. Há insatisfação, desassossego, tédio. De modo extremo, pode haver escândalo ou até morte. Mas como será a vida se batalharmos com sucesso contra a missão enganosa? O que nossas equipes podem realizar se formos capazes de permanecer na verdadeira missão? A vida se torna, repentinamente, "cor-de-rosa"?

A resposta surpreende: "Não necessariamente". Na verdade, sua vida pode ficar mais difícil, não de modo destrutivo, mas de modo negativo. Entretanto, você pode descobrir que há muito trabalho a ser feito; talvez tenha de lidar com determinada pessoa, levantar algum capital, fazer uma mudança que todo mundo criticará. Viver a missão verdadeira não significa que a sua vida será mais divertida ou mais fácil.

Significa, sim, que sua atitude terá de mudar. Em vez de se concentrar, dissimuladamente, em si mesmo e nas necessidades do seu ego, você deverá ficar para cuidar da sua organização. Poderá, então, almejar a prosperidade do seu grupo, mesmo que separado de você. Tenho notado que, quando tudo gira em torno da minha pessoa — da minha necessidade de fazer, da minha necessidade de ser bem-sucedido, da minha necessidade até de sobreviver —, a equipe tropeça. Mas, quando consigo abrir mão até da necessidade de um bom resultado, sou capaz de viver em liberdade.

Vou contar uma história que ilustra esse princípio do viver em liberdade. Há cerca de dois anos, convidamos Dallas Willard para falar em nossa igreja. Quando ele terminou, acompanhei-o até seu carro. Ele tinha um compromisso em outro local. Enquanto nos dirigíamos para o estacionamento, notei que ele arrastava os pés tentando acompanhar uma canção engraçada que cantarolava com os lábios fechados... sem fazê-lo muito bem.

Admirei-me com essa atitude, porque, em geral, quando líderes e pastores acabam de pregar, há uma preocupação que costuma ocupar-lhes a mente durante alguns momentos: "E então? Como será que me saí? Será que o pessoal gostou?". Quando acham que foi bom, sentem-se bem. Se, entretanto, acham que foi ruim, começam a ficar deprimidos. Como palestrante, luto contra esse tipo de reação que observo na maioria das pessoas que falam em público. No caso de Dallas Willard, contudo, foi como ver uma criança soltar um balão de gás. O balão sobe... e desaparece. Assim, bem simples.

Já o ouvira falar, em ocasião anterior, sobre a necessidade de abrir mão dos resultados. Como líderes, precisamos estar cientes dos resultados, levá-los a sério e aprender com eles. Mas não deveríamos carregar o fardo desses resultados. Eles estão nas mãos de Deus. Não cabe a nós carregá-los. Não devemos permitir que nos esmaguem. Ouvir Dallas falar sobre abrir mão dos resultados foi muito bom. Vê-lo proferir uma palestra e ao final dela conseguir relaxar... foi digno de nota.

Eu adoraria sentir-me assim, à vontade. Mas teria de perder, porque seria obrigado a abrir mão do efeito narcotizante de viver de aplausos quando algo vai bem. Teria de me humilhar a ponto de perceber que sou parte de algo muito maior do que eu mesmo.

> Tenho notado que, quando tudo gira em torno da minha pessoa — da minha necessidade de fazer, da minha necessidade de ser bem-sucedido, da minha necessidade até de sobreviver —, a equipe tropeça.

A GRANDE MISSÃO DIVINA

Uma excelente notícia: nossas pequenas missões fazem parte de uma missão *muito maior*. Elas compõem a grande missão de Deus, selada por algo muito mais poderoso que nossos dons ou mesmo nosso caráter.

Basta ver o que acontecia por trás das cenas descritas no livro de Ester. Talvez você já saiba que esse é o único livro do Antigo Testamento que nunca cita Deus; mas na realidade ele é a personagem principal de todo o relato.

> Uma excelente notícia: nossas pequenas missões fazem parte de uma missão *muito maior*.

Existe uma lei imutável nessa história. Uma vontade que não se pode demover, mas que não é a lei dos medos ou dos persas. Como, dentre todas as mulheres do império, uma jovem judia chamada Ester se torna rainha? Como, dentre todas as pessoas do império, haveria de ser Mardoqueu quem salvaria o rei de uma trama de assassinato? Como o rei haveria de ter insônia exatamente na noite em que Hamã mandara construir a forca para Mardoqueu? E como, dentre todas as histórias, a escolhida para ser lida para o rei seria a de Mardoqueu salvando-lhe a vida? Como Hamã, o assassino ardiloso, torna-se vítima das próprias maquinações, e Mardoqueu, a quem ele pretendia vitimar, torna-se seu substituto? Como o anel do rei, presenteado a Hamã, vai parar no dedo de Mardoqueu? Como a corda preparada para Mardoqueu acaba em volta do pescoço de Hamã? Como as pessoas que marcaram os judeus para a destruição são destruídas no lugar deles?

O autor do livro intenta mostrar que até no exílio, condição em que se encontrava o povo de Deus na época — sem Jerusalém, sem templo, sem Sinédrio, sem nada —, o Senhor está presente. Mesmo sem ser visto, anônimo, ele opera nos bastidores, e seu propósito é certo.

Você pode morrer para sua missão enganosa e liderar com alegre liberdade, porque Deus opera sempre em você e ao seu redor de maneiras invisíveis, anônimas e improváveis. Ele está na manjedoura, no deserto, na cruz. Atua nos bastidores das guerras, na fome, nas enchentes e nos desastres. Está presente tanto nas ditaduras quanto nas democracias. E põe a mão nas igrejas, nos negócios, nas organizações e nos indivíduos, em toda parte. Deus quer usar você *por causa* do que você faz (sua missão), mas — como Sansão exemplifica —, ele o usará *apesar do que* você faz. Ele pode transformar até a sua missão enganosa em algo passível de ser usado para a glória dele e para a vinda do seu Reino sobre a terra.

Tudo isso significa que temos permissão para ser condescendentes com nossa missão enganosa e deixá-la impune? Claro que não. Como Paulo escreveu: "Que diremos então? Continuaremos pecando para que a graça aumente? De maneira nenhuma! Nós, os que

> Você pode morrer para sua missão enganosa e liderar com alegre liberdade porque Deus opera sempre em você e ao seu redor de maneiras invisíveis, anônimas e improváveis.

morremos para o pecado, como podemos continuar vivendo nele?" (Romanos 6.1,2). Em vez disso, o apóstolo nos instrui: "[...] ofereçam-se a Deus [...] como instrumentos de justiça" (Romanos 6.13).

Houve um tempo em que talvez tenhamos sido escravos da nossa missão enganosa, dos nossos anseios vergonhosos pela fama, pela fortuna, pelo poder, pelo prazer ou pela segurança. Mas agora temos como nos tornar servos de Deus, desejando, cada vez, o estilo de vida dele, ativos na missão que ele tem para o mundo.

Não uma missão enganosa. Apenas uma paz singela, diária, humilde, alegre, que se estende aos outros, uma obra para a qual você e eu podemos nos chamar mutuamente, obra daquele que é luz, em quem não existe nenhuma escuridão.

Talvez para um momento como este você tenha chegado onde está.

AGRADECIMENTOS

Por um projeto no qual, de outro modo, eu jamais teria pensado, é necessário que eu diga alguns "muito obrigado". Sou grato a Christine Anderson, por examinar o manuscrito e encaminhá-lo para publicação com seu profissionalismo e habilidade característicos. Lori Vanden Bosch respondeu por grande parte do trabalho de síntese do rascunho inicial, e Jane Haradine ajudou a polir o texto.

Também sou grato a Jimmy Mellado, pelo convite para ministrar a palestra que deu origem a este pequeno livro. Mais do que isso, por suas sugestões e pelo incentivo em relação ao conteúdo. Mais ainda pela amizade de vários anos, uma alegria para mim. É uma dádiva poder ser parceiro da Willow Creek Association.

Esta obra foi composta em *Adobe Garamond Pro* e *Bell Gothic*
e impressa por Imprensa da Fé sobre papel
Offset 63 g/m² para Editora Vida.